Nacktgerste
entspelzte Gerste
ollkornreis

Rita Bernardi

EINFACH GESUND DURCH DEN TAG

Vollwertig, vegetarisch, vegan

Rezepte für Frühstück, Brunch,
Büro und unterwegs

ATHESIA VERLAG

INHALT

SALATE

WARME GERICHTE

MÜSLI UND SÜSSIGKEITEN

VORWORT

Mit vollwertiger, vegetarischer und veganer Kost gesund durch den Tag – das gelingt einfach und bei vielen Rezepten auch relativ schnell. In diesem Kochbuch finden Sie dazu viele Rezepte, Anregungen und Wissenswertes zum Thema.

Gesunde Ernährung soll gut schmecken sowie einfach und ohne großen Aufwand zubereitet sein. Getreide, Gemüse, Hülsenfrüchte und Obst gehören in einer gesunden, vegetarischen Küche zu den Grundzutaten. Mit ihnen lassen sich viele herzhafte und abwechslungsreiche Speisen zubereiten. In diesem Buch finden Sie über 70 Rezepte für ein leckeres Frühstück, Mittag- oder Abendessen bzw. eine Zwischenmahlzeit. Die Auswahl reicht von Smoothies, Broten und Häppchen über einfache Aufstriche, herzhafte Salate und schmackhafte Gemüse-Getreide-Gerichte bis hin zu leckeren Müslis und schnellen Desserts.

In den letzten Jahren hat das Interesse an gesunder Ernährung stetig zugenommen und alternative Ernährungsformen sind stets mehr im Trend. Lokale Zutaten – frisch und gesund –, Genuss, Qualität, aber auch Nachhaltigkeit, dies sind ausschlaggebende Parameter, die in unserer Ernährung immer wichtiger werden.

Allerdings fehlt es oft am Basiswissen über Lebensmittel und Gesundheit sowie über die Zusammenhänge zwischen falscher Ernährung und Krankheitsursachen. Hinter so manchen Empfehlungen stecken auch wirtschaftliche Interessen und nicht das gesundheitliche Wohl des Menschen.

Eine vegetarische Ernährungsform ist leicht umsetzbar, abwechslungsreich und ausgewogen. Sie garantiert, dass unser Organismus durch eine gute Zusammenstellung der pflanzlichen Nahrungsmittel mit allen wichtigen Nähr- und Vitalstoffen ausreichend versorgt wird.

Ich wünsche Ihnen gutes Gelingen beim Nachkochen der Rezepte und dass sie damit einfach und gesund durch den Tag kommen.

PRAKTISCHE ANLEITUNGEN ZU DEN REZEPTEN

Lesen Sie sich das Rezept sorgfältig durch, ehe Sie mit dem Kochen beginnen. Vergewissern Sie sich, dass Sie alle notwendigen Zutaten haben.

- Probieren Sie Rezepte aus, und trauen Sie sich, diese gegebenenfalls abzuändern, wenn Ihnen bestimmte Zutaten nicht schmecken oder Sie diese nicht im Haus haben.
- Kochen Sie mit Freude und richten Sie die Gerichte schön an. Das Auge isst mit!
- Für die Zubereitung von Vollwertkost brauchen Sie nicht mehr Zeit als für andere Rezepte. Wenn Ihnen die Arbeitsschritte geläufig sind und Sie mit den wesentlichen Punkten der Vollwertkost vertraut sind, ist ihre Zubereitung nicht aufwändiger. In der Zeit, in der ein Getreidegericht quellen soll bzw. Teige gehen, können Sie ruhig andere Dinge erledigen.
- Sparen Sie nicht beim Kochgeschirr! Gut schließende Töpfe bzw. gute Pfannen erleichtern das Kochen.
- Heizen Sie den Backofen immer rechtzeitig vor.
- Die angegebenen Backtemperaturen beziehen sich auf einen Haushaltsbackofen mit Heißluftfunktion. Je nach Art des Backofens kann es zu Unterschieden in der Backdauer bzw. -temperatur kommen. Bei der Verwendung von Ober- und Unterhitze müssen Sie die Temperaturangabe um 10–20 Grad erhöhen bzw. die Backdauer verlängern.
- Bei Gerichten mit geschrotetem Getreide hängt die Wassermenge von der Feinheit des Getreideschrots ab. Fein geschrotetes Getreide nimmt mehr Wasser auf als gröber geschrotetes.
- Gewürze, Fettsamen und Kräuter können Sie je nach Geschmack und Laune durch andere ersetzen oder ganz weglassen.

Personenanzahl

- Alle Rezepte sind, wenn nicht anders angegeben, für vier Personen berechnet. Wenn Sie ein Gericht nicht als Hauptspeise, sondern als Teil einer Menüfolge servieren, sollten Sie die Portionsgröße dementsprechend anpassen.
- Die Rohkostgerichte und Salate sind ebenfalls für vier Personen berechnet. Wenn Sie zwei bis drei Salate zubereiten, so ergibt dies einen ausreichend großen Teller. Möchten Sie einen Rohkostteller mit verschiedenen Salaten als Vorspeise anrichten, so sollten Sie die Mengen der einzelnen Salate verringern.

Maße und Gewichte

Die Flüssigkeitsmengen (bei Wasser, Milch, Sahne) sind in **Gramm** angegeben. Sie können auf diese Weise genauer abgemessen werden, als dies mit einem Messbecher möglich wäre. Sie können die Flüssigkeiten einfach **1:1 von Gramm in Milliliter umrechnen** (250 g Sahne gleich 250 ml).

Weitere Mengenangaben sind in **Gramm (g)** oder **Kilogramm (kg)** angegeben.

Wenn im Rezept **1 Esslöffel (EL)** bzw. **1 Teelöffel (TL)** angegeben ist, dann ist immer die Menge eines glatt gestrichenen Löffels gemeint.

1 Messerspitze (Msp.) meint die Menge, die auf der Spitze eines kleinen Messers Platz hat.

1 Prise ist die Menge, die man zwischen Daumen und Zeigefinger halten kann.

1 EL Mehl entspricht etwa **15 g.**

1 EL Butter entspricht etwa **10–15 g.**

1 gehäufter EL Honig entspricht etwa **40 g.**

Päckchen, z. B. bei Backpulver, wird mit **Pkg.** abgekürzt.

GESUND DURCH DEN TAG MIT VITALSTOFFREICHER VOLLWERTKOST

Das Prinzip der vollwertigen Ernährung besteht darin, naturbelassene und so wenig wie möglich veränderte Lebensmittel zu sich zu nehmen.

Eine Vollwertkost zeichnet sich durch einen hohen Vitalstoffgehalt aus. Die Vitalstoffe sind für die Gesunderhaltung unseres Körpers unentbehrlich.

Neben den drei Hauptnährstoffen – Eiweiß, Fett und Kohlenhydrate – sind diese Vitalstoffe, die auch als biologische Wirkstoffe bezeichnet werden, unerlässlich für alle Stoffwechselvorgänge im Körper.

Zu den Vitalstoffen zählt man

- wasser- und fettlösliche Vitamine
- Mineralstoffe
- Spurenelemente
- Enzyme oder Fermente
- ungesättigte Fettsäuren
- Aromastoffe
- Faserstoffe (auch als Ballaststoffe bezeichnet)

Vitalstoffe sind zur Erhaltung oder Wiedererlangung der Gesundheit unentbehrlich.

Die Vollwerternährung ist keine Diät, sondern eine Kostform, die von jedem Menschen – egal welchen Alters – durchgeführt werden kann. Sie ist die Grundlage für die Gesundheit des Menschen. Eine Umstellung ist in jeder Lebensphase möglich, ja sogar zu empfehlen.

Es ist nie zu spät, um etwas für die Gesundheit zu tun!

Grundsätzlich sind vier Lebensmittel zu meiden, und es gibt vier Lebensmittel, die man täglich essen sollte.

Zu meiden sind

1. **alle Auszugsmehlprodukte**
2. **alle Fabrikzuckerarten**
3. **alle raffinierten Fette** (Margarine, heiß gepresste Öle)
4. **für Magen-, Darm-, Leber- und Gallenempfindliche: alle Obst- und Gemüsesäfte** (egal, ob selbst hergestellt oder gekauft), **gekochtes Obst, Trockenfrüchte**

Lebensmittel, die man täglich essen sollte

1. **Vollkornbrot, möglichst viele verschiedene Sorten**
2. **täglich drei Esslöffel Getreide in Form eines Frischkorngerichtes**
3. **eine Frischkostbeilage aus rohem Gemüse und rohem Obst**
4. **naturbelassene Fette wie Butter, Sahne und unraffinierte, kalt gepresste Öle**

Bei bestimmten Erkrankungen ist die Vermeidung bzw. Einschränkung von Tiereiweiß empfehlenswert. Alle übrigen nicht erwähnten Speisen können täglich genossen werden.

Quelle: Dr. M. O. Bruker, Gesund durch richtige Ernährung, emu-Verlag

VOM WERT DER FRISCHKOST

Die Frischkost, also nicht erhitzte, rohe Nahrung, spielt in der Vollwerternährung eine besondere Rolle. Sie sollte täglich auf dem Speiseplan stehen.

Mindestens ein Drittel der täglich zugeführten Nahrung sollte Frischkost sein, denn mit der Frischkost ist die Zufuhr aller biologischen Wirkstoffe (Vitalstoffe) garantiert.

Der Obstanteil sollte beim Verzehr von Frischkost nicht überwiegen. Es empfiehlt sich, zwei Drittel Gemüse und ein Drittel Obst zu verzehren. Für eine möglichst breite Vielfalt sollten bei den Gemüsesorten täglich zwei über der Erde und zwei unter der Erde gewachsene Sorten gegessen werden. Als oberstes Motto gilt: so abwechslungsreich wie möglich und den Jahreszeiten entsprechend!

Frischkost wird immer vor der gekochten Kost gegessen!

Obst und Gemüse werden nur geschält, wenn es unbedingt notwendig ist. Auch Karotten, Zucchini, Gurken und Rohnen sollten mit der Schale verzehrt werden, denn gerade in und unmittelbar unter der Schale befinden sich wichtige Wirkstoffe (Vitalstoffe), die dem Organismus helfen, besser mit den toxischen Belastungen fertigzuwerden. Zum Waschen und Abbürsten von Gemüse eignet sich eine Gemüsebürste besonders gut.

Gemüse wird so kurz wie möglich gegart, entweder mit wenig Kochwasser, im eigenen Saft oder über Dampf (mithilfe eines Siebeinsatzes).

VOLLE KRAFT AUS VOLLEM KORN

Getreide ist seit Jahrtausenden das wichtigste Nahrungsmittel des Menschen und somit auch seine wichtigste Nähr- und Wirkstoffquelle. Die Bedeutung der Getreidearten und ihre Verarbeitung in der Küche veränderten sich immer wieder. Das ganze, frisch gemahlene Korn und daraus zubereitete Speisen verschwanden nach und nach fast völlig aus der Küche und wurden durch Weißbrot und andere Backwaren, Weißmehlprodukte sowie polierten Reis ersetzt.

Die Naturkostbewegung gibt dem vollen Getreide seine ehemalige Bedeutung wieder – ob als Frischkornmüsli, Vollkornbrot und -backwaren oder als körnige Grundlage für Gerichte aller Art. In ganzheitlich ausgerichteten Ernährungsformen nimmt das Vollkorngetreide eine zentrale Stellung ein.

Das ganze Getreidekorn

Getreide hat einen ausgewogenen Nährstoffgehalt und eine hohe Nährstoffdichte, da es nur zu 15 Prozent aus Wasser besteht. Die restlichen 85 Prozent enthalten fast alle zum Leben notwendigen Nähr- und Vitalstoffe.

Durchschnittlich enthält ein Getreidekorn

- 70 % Stärke
- 11 % Eiweiß
- 2 % Fett
- 2,5 % Faserstoffe (Ballaststoffe)

Außerdem enthalten Getreidekörner **Vitalstoffe** wie **Vitamine, Mineralstoffe, Spurenelemente, ungesättigte Fettsäuren** und **Enzyme.**

Der Anteil der einzelnen Nährstoffe hängt stark von der Nährstoffzusammensetzung der Böden ab, auf denen das Getreide wächst. Zudem unterscheidet sich der Gehalt der Nähr- und Wirkstoffe je nach Getreidesorte.

Aufbau eines Getreidekorns

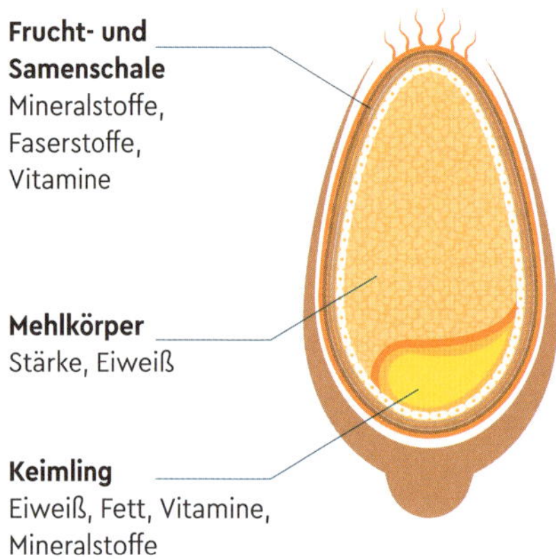

Getreide liefert viel Energie

Das Getreidekorn ist für unsere Ernährung so unentbehrlich, weil es in erster Linie Stärke enthält und damit ein wertvoller Energieträger ist. Stärke zählt zur Gruppe der Kohlenhydrate und dient dem Keimling als Energiespeicher, damit er die Kraft hat, eine neue Getreidepflanze auszutreiben. Die Stärke ist im Mehlkörper zu finden, der den größten Teil des Korns ausmacht.

Die Wirkung von Vollkornprodukten

Lange Zeit galten Vollkornprodukte als ländlich und rückständig. Weißes Mehl war ein Statussymbol der Oberschicht. Die Ernährungswissenschaft fand im Laufe der Zeit allerdings heraus, dass Vollkornbrot und andere Vollkornprodukte gesünder und nährstoffreicher sind als Weißmehlprodukte.

Für die Herstellung von Vollkornprodukten wird das ganze Korn gemahlen. So bleiben die wichtigen Inhaltsstoffe der Schale (Kleie) und des Keims im Mehl oder Schrot erhalten und liefern dem Körper viele lebensnotwendige Stoffe. Aus diesem Grund sind sie natürlich wesentlich wertvoller für den Körper als Weißmehlprodukte.

Für die Herstellung von Weißmehlprodukten werden Keimling, Aleuron- und Randschichten – und damit wertvolle Inhaltsstoffe – entfernt, ehe das Korn gemahlen wird. Daher ist der gesundheitliche Wert der Weißmehlprodukte gering. Trotzdem werden noch immer 80–95 % aller konventionellen Brot- und Backwaren aus nährstoffarmem weißen Weizenmehl hergestellt.

Hauptgetreide

- **Weizenarten**
  Einkorn (uralte Weizenart)
  Emmer (Grießweizen)
  Hartweizen
  Kamut
  Dinkel
  Weichweizen
- **Roggen**
- **Gerste**
- **Hafer**
- **Reis**
- **Mais**
- **Hirse**

Pseudogetreide

Neben den genannten Getreidesorten gibt es noch einige weitere Kulturpflanzen, die sich als **Mehl** zur Herstellung von Brot und Backwaren bzw. in Körnerform als **Zutaten für Müslis** und andere Speisen eignen. Auch sie sind nahrhaft, energiespendend und haben teilweise einen sehr hohen Vitalstoffgehalt.

- **Amaranth**
- **Buchweizen**
- **Quinoa**

Die Früchte dieser Kulturpflanzen sind frei von Klebereiweiß und somit absolut glutenfrei.

Quinoa

Verluste durch das Ausmahlen

Aus der folgenden Tabelle ist abzulesen, wie gering die Werte eines Auszugsmehles gegenüber dem ganzen Getreidekorn sind und welche Verluste durch das Ausmahlen entstehen.

Wirkstoffe	Vollkornmehl 1 kg	Auszugsmehl 1 kg	Verlust
Eisen	44 mg	7 mg	84 %
Kupfer	6 mg	1,5 mg	75 %
Magnesium	250 mg	120 mg	52 %
Mangan	70 mg	20 mg	71 %
Kalium	4730 mg	1150 mg	76 %
Calcium	120 mg	60 mg	50 %
Vitamin B1	5,1 mg	0,7 mg	86 %
Vitamin B2	1,3 mg	0,4 mg	69 %
Vitamin B6	4,4 mg	2,2 mg	50 %
Niacin	57 mg	7,7 mg	86 %
Pantothensäure	50 mg	23 mg	54 %
Provitamin A	3,3 mg	0 mg	100 %
Vitamin E	24 mg	0 mg	100 %

GLOSSAR

Akazienhonig
Grundsätzlich kann man jede Art von Honig zum Süßen von Speisen verwenden. Sehr gut eignen sich neutral schmeckende Honige wie Akazien- oder Orangenblütenhonig.

Couscous
Couscous wird aus dem Grieß von Hartweizen, Gerste oder Hirse hergestellt. Hierzulande ist Couscous aus Hartweizengrieß am gebräuchlichsten. Für die Herstellung von Couscous wird das gemahlene Getreide befeuchtet. Dabei bilden sich Klümpchen, die zu kleinen Kügelchen zerrieben und getrocknet werden. Couscous ist ein Grundnahrungsmittel der nordafrikanischen Küche. Couscous wird nicht gekocht, sondern gedämpft. Man kann ihn aber auch mit kochendem Wasser übergießen und etwas quellen lassen.

Dämpfen
Hierbei werden Speisen in einem Siebeinsatz oder im Dampfgarer im heißen Wasserdampf gegart. Auf diese Weise bleiben wasserlösliche Vitamine und Nährstoffe erhalten, die beim Kochen im Wasser sonst verloren gehen würden.

Frühlingszwiebeln
Form der Speisezwiebel, die auch Lauch- oder Winterzwiebel genannt wird und ganzjährig erhältlich ist. Frühlingszwiebeln haben einen milden Geschmack. Sie werden geerntet, bevor sich das untere Ende zur Zwiebel verdickt. Ihre langen röhrenförmigen Blätter schmecken nach Lauch.
Frühlingszwiebeln sind empfindlicher als Speisezwiebeln und halten sich auch im Kühlschrank nur etwa eine Woche. Sie sind wegen ihres hohen Vitamin- und Mineralstoffgehalts sehr gesund und eignen sich hervorragend für frische, leichte Salate, zum Verfeinern von Topfen (Quark) oder für asiatische Gerichte. Damit sie ihr Aroma nicht verlieren, sollten sie nicht zu stark angebraten oder gekocht werden.

Galgant
Die aus Südostasien stammende Pflanze ähnelt im Aussehen dem Ingwer und gehört wie dieser zu den Ingwergewächsen. Sie ist aber milder im Geschmack. Bekannt ist Galgant aber nicht nur als Gewürzpflanze, sondern auch wegen seiner Heilwirkung. Schon Hildegard von Bingen setzte Galgant bei vielen Beschwerden ein.
So gilt die Pflanze als appetitanregend und soll wegen ihrer antibakteriellen, krampflösenden und entzündungshemmenden Wirkung bei der Behandlung von Erkältungskrankheiten, Fieber, Herzleiden und Magen-Darm-Beschwerden helfen.
Zum Würzen kann sowohl getrockneter als auch frischer Galgant verwendet werden. Getrockneten Galgant kann man in Pulverform kaufen, frischen findet man oft im Asia-Laden. Galgant passt wegen seines frischen, pfeffrigen und süßlichen Aromas sehr gut zu Reisgerichten, Hülsenfrüchten, Eintöpfen, Suppen und Gemüse.

Kichererbsen
Die Hülsenfrüchte werden für Suppen, Eintöpfe, Beilagen oder Salate verwendet. Man kann sie getrocknet oder bereits gekocht in Dosen kaufen. Getrocknete Kichererbsen müssen vor dem Kochen in kaltem Wasser eingeweicht (12–24 Stunden und länger) werden.

Kurkuma
Die aus Indien und Südostasien stammende Pflanze – auch Gelbwurz, gelber Ingwer oder Indischer Safran genannt – gehört zur Familie der Ingwergewächse und gilt in der chinesischen und indischen Medizin auch als Heilpflanze. Der in ihr enthaltene Wirkstoff Curcumin soll gegen Entzündungen und Verdauungsbeschwerden helfen.
Als Gewürz in der Küche findet vor allem Kurkumapulver Verwendung. Es ist nicht nur wegen seines leicht bitteren, erdig-nussigen Geschmacks, sondern auch wegen seiner hellgelben Farbe fester Bestandteil von Currymischungen. Kurkuma passt aber auch zu vielen anderen Gerichten, besonders gut harmoniert es mit Reis-, Kartoffel- und Gemüsegerichten, mit Suppen, Pfannkuchen, Brotaufstrichen und Brotrezepten.
Die Kurkumawurzel kann (mit Wasser aufgekocht) als Tee getrunken oder zum Würzen (in Scheiben geschnitten) verwendet werden.

Kreuzkümmel
Bis ins Mittelalter wurde Kreuzkümmel – auch Kumin oder Cumin bzw. Römischer Kümmel genannt – überwiegend zu Heilzwecken angebaut. Er soll bei Bauchkrämpfen, Völlegefühl oder Blähungen helfen und einen positiven Einfluss auf den Cholesterin- und Blutzuckerspiegel haben. Darüber hinaus soll er den Körper beim Entgiften und Entschlacken unterstützen und Mund-

geruch bekämpfen, selbst nach dem Genuss von Zwiebeln und Knoblauch.
Kreuzkümmel hat einen intensiven und unverwechselbaren Geschmack, der keinerlei Gemeinsamkeiten mit dem des echten Kümmels hat. Er wird vor allem in der nordafrikanischen, orientalischen und asiatischen Küche verwendet und ist ein Bestandteil im Currypulver. Kreuzkümmel passt sehr gut zu Bohnen, Linsen, Kartoffelgerichten und Brotteigen. Auch im klassischen Hummus darf er nicht fehlen.

Melanzane

Aubergine

Naturbackpulver

Konventionelles Backpulver enthält als Säuerungsmittel Phosphat, das gesundheitlich bedenklich ist. Verwenden Sie deshalb Naturbackpulver, zum Beispiel Weinsteinbackpulver, das statt Phosphat Weinstein enthält. Naturbackpulver gibt es in mehreren Varianten in Naturkostläden.

Naturvanille

Mit Naturvanille ist echte, das heißt nicht künstlich erzeugte Vanille gemeint. Unter der Bezeichnung Bourbon-Vanille darf nur Vanille angeboten werden, die aus Madagaskar, von den Komoren oder der Insel Rèunion kommt. Im Handel findet man darüber hinaus Vanille aus Mexiko. Naturvanille ist intensiv im Geschmack und wird nur in kleinen Mengen verwendet.

Peperoni

Rote, gelbe und grüne Gemüsepaprikaschoten, die sehr mild sind und kein Capsaicin (Stoff, der Paprika die Schärfe verleiht) enthalten.

Piment

Die getrockneten bräunlichen Körner können mitgekocht oder als Pulver (frisch gemörsert oder gemahlen) verwendet werden. Sie sind Bestandteil zahlreicher Currymischungen. Da Piment relativ würzig und scharf ist, sollte man ihn nur vorsichtig dosieren. Der Geschmack erinnert an eine Mischung aus Zimt, Nelken und Muskat, weshalb er auch als Allgewürz bzw. Allspice bezeichnet wird. Andere Bezeichnungen für Piment sind Nelkenpfeffer, Jamaikapfeffer oder Neugewürz.
Piment wird hauptsächlich in der indischen und arabischen Küche verwendet. Bei uns kommt das Gewürz vor allem in Wurstwaren und bei der Weihnachtsbäckerei zum Einsatz.

Quellen

Getreide, ob als ganzes Korn, geschrotet oder zu Mehl vermahlen, braucht eine Quellzeit, in der Flüssigkeit aufgenommen wird. Zum Quellen wird der Kochtopf mit geschlossenem Deckel immer vom Herd genommen.

Rohnen

Rote Bete

Rucola

Rauke

Salz

Verwenden Sie unjodiertes, unbehandeltes Salz, das noch eine Reihe von natürlichen Mineralstoffen und Spurenelementen enthält. Es hat einen reichhaltigeren Geschmack als Kochsalz (Natriumchlorid). Im Naturkostladen wird es meist als Meersalz angeboten.
Salzen Sie ihre Speisen immer maßvoll! Verwenden Sie auch Kräutersalz und setzen Sie vor allem Kräuter zum Würzen ein.

Sauerrahm

Sauerrahm hat einen leicht säuerlichen Geschmack und eine cremige Konsistenz. Er enthält mindestens 10 % Fett. Er kann sowohl für süße als auch für würzige Speisen verwendet werden. Sauerrahm eignet sich sehr gut für Salatsaucen, Desserts und Kuchen sowie zum Verfeinern von Saucen und Suppen.

Suppenwürze

Verwenden Sie vegetarische Suppenwürze. Bei biologischen Produkten geben Meersalz und Hefeextrakt den Suppenwürzen ihren Geschmack. Darüber hinaus werden auch Gemüse, Gewürze und Kräuter zur Geschmacksverbesserung zugesetzt. Biologischen Suppenwürzen darf kein künstliches Glutamat zugesetzt werden.

Topfen / Quark

Topfen bzw. Quark wird durch Zusatz von Lab oder Milchsäurebakterien aus pasteurisierter Milch hergestellt. Im Gegensatz zu Quark hat Topfen einen geringeren Wassergehalt. Er ist wesentlich fester und cremiger. Sowohl Topfen als auch Quark haben einen hohen Eiweißgehalt. Sollten Sie keinen Topfen bekommen, können Sie Quark verwenden, den Sie in einem mit einem Tuch ausgelegten Sieb abtropfen lassen.

SMOOTHIES

GRÜNER SMOOTHIE

Zutaten für 1 Person

30 g Spinat oder Mangold

1 Birne

½ Banane

50 g Wasser

Zubereitung

1. Spinat in Streifen schneiden.
2. Birne in Stücke schneiden.
3. Alle Zutaten in einen Smoothie-Mixer geben und pürieren.

APFEL-ROHNEN-SMOOTHIE

Zutaten für 1 Person

1 Apfel

Zitronenschale, abgerieben, und Zitronensaft

100 g rohe Rohnen, gerieben

100 g Wasser

25 g Walnüsse

Zubereitung

1. Apfel in Stücke schneiden und mit Zitronensaft und -schale vermischen.
2. Mit Rohnen, Wasser und Walnüssen in einen Smoothie-Mixer geben und pürieren.

HAFERDRINK

Zutaten für 1 Person

60 g Birne

60 g Banane

3 Datteln

20 g Haferflocken

1 TL Honig

Wasser nach Bedarf

Zubereitung

1 Birne, Banane und Datteln in Stücke schneiden.

2 Mit Haferflocken, Honig und Wasser in einen Smoothie-Mixer geben und pürieren.

JOGHURT-SMOOTHIE

Zutaten

50 g Beeren
50 g Banane
50 g Joghurt
50 g Mineralwasser
1 EL Honig
etwas Zitronenschale, abgerieben

Zubereitung

Alle Zutaten in einen Smoothie-Mixer geben und pürieren.

BUTTERMILCHDRINK

Zutaten für 1 Person

40 g Birne oder Apfel
80 g Banane
3 Datteln
80 g Buttermilch
15 g Mandeln

Zubereitung

1. Birne, Banane und Datteln in Stücke schneiden.
2. Mit Buttermilch und Mandeln in einen Smoothie-Mixer geben und pürieren.

NEKTARINEN-SMOOTHIE

Zutaten für 4 Personen

4 große Nektarinen
etwas Zitronensaft
500 g Milch oder Buttermilch
100 g Naturjoghurt
Honig nach Geschmack
Naturvanille

Zubereitung

1. Nektarinen in Stücke schneiden und mit Zitronensaft vermengen.
2. Zusammen mit Milch und Joghurt in einen Smoothie-Mixer geben und pürieren.
3. Je nach Geschmack und Reife der Nektarinen etwas Honig zufügen.
4. Den Smoothie in Gläser füllen, mit etwas Naturvanille bestreuen und mit einem Früchtespieß garnieren.

BROTE

KRÄUTERFOCACCIA

Zutaten für 4–6 Focacce

2–3 EL Kräuter (Petersilie, Rosmarin, Bohnenkraut, Rosmarin ...)
30 g Olivenöl
500 g Dinkel oder Weizen, fein gemahlen
1 TL Vollmeersalz
etwas Zitronenschale, abgerieben
20 g Hefe
etwa 300 g lauwarmes Wasser

Zubereitung

1 Die Kräuter fein hacken und mit Olivenöl vermischen.

2 Mehl, Salz, die Hälfte des Kräuteröls und etwas Zitronenschale in eine Schüssel geben und vermischen.

3 Die Hefe im Wasser auflösen, zur Mehlmischung geben und alles zu einem geschmeidigen Teig verkneten. Den Teig zudecken und an einem warmen Ort so lange gehen lassen, bis sich das Volumen verdoppelt hat.

4 Den Teig in gleich große Stücke teilen und zu Kugeln formen.

5 Jede Kugel mit dem Teigroller etwa 1 cm dick rund ausrollen und auf ein mit Backpapier ausgelegtes Backblech setzen.

6 Die Teigfladen mit einer Gabel einstechen und mit dem restlichen Kräuteröl bestreichen.

7 Im vorgeheizten Backofen backen.

Backen: etwa 15 Minuten bei 200 Grad

OLIVENBROT

Zutaten für 2–3 Brote
250 g Dinkel, fein gemahlen
250 g Weizen, fein gemahlen
1 TL Vollmeersalz
30 g Butter
25 g Hefe
400 g Buttermilch
60–80 g Oliven
70 g Zwiebeln, fein gehackt
Öl

Zubereitung

1. Mehl, Salz und Butter in eine Schüssel geben und vermischen.
2. Hefe in Buttermilch auflösen, zur Mehlmischung geben und alles zu einem geschmeidigen Teig verkneten.
3. Oliven in Ringe schneiden und Zwiebelwürfel kurz in Öl andünsten.
4. Beides unter den Teig kneten.
5. Den Teig abdecken und an einem warmen Ort so lange gehen lassen, bis sich das Volumen verdoppelt hat.
6. Den Teig in 2–3 gleiche Teile teilen und daraus Brotlaibe oder Weggen formen. Auf ein bemehltes Backblech legen und zugedeckt noch einmal 5–10 Minuten gehen lassen.
7. Im vorgeheizten Backofen backen und zum Auskühlen auf ein Kuchengitter legen.

Backen: 20–25 Minuten bei 200 Grad

NUSSBRÖTCHEN

Zutaten für etwa 15 Brötchen

150 g Nüsse (Haselnüsse oder Mandeln)
400 g Dinkel, fein gemahlen
100 g Hirse, fein gemahlen
1 TL Vollmeersalz
2 EL Olivenöl
25 g Hefe
etwa 400 g lauwarmes Wasser

Zubereitung

1. 50 g Nüsse fein und den Rest grob mahlen.
2. Zusammen mit Mehl, Salz und Olivenöl in eine Schüssel geben und vermischen.
3. Hefe im Wasser auflösen, zur Mehlmischung geben und alles zu einem geschmeidigen Teig verkneten. Den Teig abdecken und so lange an einem warmen Ort gehen lassen, bis sich das Volumen verdoppelt hat.
4. Vom Teig gleich große Stücke abstechen, in Mehl wälzen und zu Brötchen formen.
5. Die Teiglinge auf ein bemehltes Backblech legen und zugedeckt noch einmal 5–10 Minuten gehen lassen.
6. Im vorgeheizten Backofen backen und zum Auskühlen auf ein Kuchengitter legen.

Backen: 20–25 Minuten bei 200 Grad

KOKOSSCHNITTE

Zutaten für 1 kleine Kastenform

2 Eier
120 g Honig
50 g Öl
200 g Dinkel, fein gemahlen
150 g Kokosflocken
½ Pkg. Naturbackpulver
150 g Milch

Zubereitung

1. Eier mit Honig schaumig rühren.
2. Öl dazugeben.
3. Mehl, Kokosflocken und Backpulver vermischen und unter die Eier-Honig-Masse rühren.
4. Milch zufügen und alles gut verrühren.
5. Den Teig in eine geölte Kastenform füllen und im vorgeheizten Backofen backen.

Backen: 20–25 Minuten bei 175 Grad

BIRNENBROTE

Zutaten für etwa 15 Brötchen

1–2 reife Birnen oder Äpfel
1 TL Zimt
½ EL Anis
2 EL Sultaninen
2–3 EL Fettsamen (Haselnüsse, Kürbiskerne, Sonnenblumenkerne)
500 g Weizen oder Dinkel, fein gemahlen
1 TL Vollmeersalz
350–400 g lauwarmes Wasser
25 g Hefe
1–2 EL Honig
30 g Butter

Zubereitung

1. Birnen waschen und in nicht zu kleine Würfel schneiden.
2. Zimt, Anis, Sultaninen und Fettsamen dazugeben.
3. Mehl und Salz in einer Schüssel vermischen.
4. Wasser, Hefe und Honig verrühren, zum Mehl gießen und verkneten.
5. Birnen-Zimt-Mischung und Butter zufügen und alles zu einem nicht zu festen Teig verkneten.
6. Den Teig zudecken und so lange gehen lassen, bis er sich verdoppelt hat.
7. Vom Teig gleich große Stücke abstechen, in Vollkornmehl wälzen und auf ein bemehltes Backblech legen.
8. Zugedeckt noch einmal gehen lassen.
9. Die Brötchen im Backofen backen und zum Auskühlen auf ein Kuchengitter legen.

Backen: etwa 20 Minuten bei 200 Grad

ROGGENCROSTINI MIT FRISCHKÄSE

Zutaten

2–3 Roggenbrötchen
120 g Frischkäse
Vollmeersalz
schwarzer Pfeffer aus der Mühle
½ TL Galgantpulver
½ TL Paprikapulver
Kresse oder Rucola
2–3 getrocknete Tomaten

Zubereitung

1 Die Brötchen in Scheiben schneiden und in einer trockenen Pfanne auf beiden Seiten toasten. Auskühlen lassen.

2 Frischkäse mit Salz, Pfeffer, Galgant und Paprika verrühren.

3 Die Brötchenscheiben mit Frischkäse bestreichen und mit Kresse und getrockneten Tomaten garnieren.

NUSSBRÖTCHEN MIT GORGONZOLAMOUSSE

Zutaten

2–3 Nussbrötchen (siehe S. 38)
100 g Frischkäse
100 g Gorgonzola
Vollmeersalz
schwarzer Pfeffer aus der Mühle
roter Pfeffer
Thymian

Zubereitung

1. Die Brötchen in Scheiben schneiden oder halbieren und in einer trockenen Pfanne auf beiden Seiten toasten. Auskühlen lassen.
2. Frischkäse und Gorgonzola glatt rühren und mit Salz und Pfeffer würzen.
3. Die Brötchenscheiben mit Gorgonzolamousse bestreichen und mit rotem Pfeffer und Thymian garnieren.

AVOCADO-TOMATEN-BRUSCHETTA

Zutaten

12 Scheiben Vollkornbaguette
150 g Avocado
1 EL Zitronensaft
150 g Kirschtomaten
Olivenöl
Vollmeersalz
Basilikum

Zubereitung

1. Die Brotscheiben in einer trockenen Pfanne hellbraun rösten.
2. Avocado schälen, in Würfel schneiden und mit Zitronensaft beträufeln.
3. Kirschtomaten waschen und in Scheiben schneiden. Zur Avocado geben.
4. Mit Olivenöl und Salz würzen.
5. Die Avocado-Tomaten-Mischung auf den Brotscheiben verteilen und mit Basilikum garnieren.

Tipp

- Sie können die Avocado auch mit einer Gabel zerdrücken und mit Zitronensaft, Salz und Olivenöl würzen. Die Creme auf die Brotscheiben streichen und mit Tomatenscheiben belegen.

CHAMPIGNON-BRUSCHETTA

Zutaten

12 Scheiben Vollkornbaguette
200 g frische Champignons
1 Knoblauchzehe
Olivenöl
Kräutersalz
schwarzer Pfeffer aus der Mühle
Petersilie

Zubereitung

1. Die Brotscheiben in einer trockenen Pfanne hellbraun rösten.
2. Champignons und Knoblauch putzen, waschen und in nicht zu dünne Scheiben schneiden.
3. In etwas Olivenöl kurz anbraten und mit Salz und Pfeffer würzen.
4. Die Champignons auf den Brotscheiben verteilen und mit Petersilie garnieren.

DIPS UND AUFSTICHE

KURKUMADIP

Zutaten

100 g Kichererbsen, gekocht
1 kleine Knoblauchzehe
1 TL Kurkuma
4 EL Olivenöl
Kräutersalz
schwarzer Pfeffer aus der Mühle

Zubereitung

Kichererbsen, Knoblauch, Kurkuma, Olivenöl, Kräutersalz und Pfeffer im Mixer fein pürieren.

ROHNENAUFSTRICH

Zutaten

100 g Rohnen

20 g Walnüsse

1 EL Olivenöl

Vollmeersalz

schwarzer Pfeffer aus der Mühle

1 Msp. Muskat, gerieben

Zubereitung

1. Rohnen waschen und fein raspeln.
2. Zusammen mit Walnüssen, Olivenöl, Salz, Pfeffer und Muskat im Mixer fein pürieren.

ROSMARINAUFSTRICH

Zutaten

1 Knoblauchzehe
150 g Frischkäse
½ TL Paprikapulver
1 Msp. Piment
Kräutersalz
2 EL Olivenöl
1 EL Rosmarin, fein geschnitten

Zubereitung

1. Knoblauch putzen und durch die Knoblauchpresse drücken.
2. Mit Frischkäse verrühren und mit Paprika, Piment, Kräutersalz, Olivenöl und Rosmarin würzen.

FRISCHKÄSEAUFSTRICH MIT LAUCH UND PEPERONI

Zutaten

50 g Lauch
50 g rote Peperoni
120 g Frischkäse
Kräutersalz
schwarzer Pfeffer aus der Mühle
Paprikapulver
Galgantpulver
Thymian, fein geschnitten

Zubereitung

1. Lauch und Peperoni putzen, waschen und in kleine Würfel schneiden.
2. Mit Frischkäse verrühren und mit Kräutersalz, Pfeffer, Paprika, Galgant und Thymian würzen.
3. Den Aufstrich etwas ziehen lassen.

MEERRETTICHAUFSTRICH

Zutaten

150 g Frischkäse
2–3 TL Meerrettich
schwarzer Pfeffer aus der Mühle
1 Msp. Ingwer
1 Msp. Vollmeersalz

Zubereitung

1. Frischkäse und Meerrettich verrühren.
2. Mit Pfeffer, Ingwer und Salz würzen.

LINSENAUFSTRICH

Zutaten

100 g rote Linsen
½ Zwiebel
70 g Lauch
2 EL Olivenöl
250 g Wasser
30 g Sonnenblumenkerne
Kräutersalz
schwarzer Pfeffer aus der Mühle
frische Kräuter

Zubereitung

1. Linsen mit der doppelten Menge Wasser und etwas Salz zum Kochen bringen und auf kleiner Flamme 5 Minuten köcheln lassen.
2. In eine Schüssel geben und etwas abkühlen lassen.
3. Zwiebel und Lauch in Würfel schneiden und in Olivenöl leicht andünsten.
4. Zusammen mit Linsen, Sonnenblumenkernen, Kräutersalz, Pfeffer und Kräutern fein pürieren.

SALATE

RADICCHIOSALAT MIT SESAM UND CAMEMBERT

Zutaten

200 g Radicchio
12 Oliven
60 g Camembert oder anderer Weichkäse
2 EL Sesam
Kräutersalz
Muskat, gerieben
schwarzer Pfeffer aus der Mühle
Balsamicoessig
Olivenöl

Zubereitung

1. Radicchio waschen und in Streifen schneiden.
2. Oliven in Ringe schneiden und zum Radicchio geben.
3. Sesam in einer trockenen Pfanne leicht rösten, bis er zu springen beginnt. Auskühlen lassen und im Mixer zerkleinern.
4. Käse in Würfel schneiden und zum Salat geben.
5. Den Salat mit Sesam, Kräutersalz, Muskat, Pfeffer, Balsamico und Olivenöl anmachen.

FEINER SELLERIESALAT

Zutaten

200 g Knollensellerie
etwas Zitronensaft
6 Datteln
30 g Haselnüsse
2 EL Sauerrahm
Vollmeersalz
Olivenöl

Zubereitung

1. Sellerie schälen, in Stifte hobeln und sofort mit Zitronensaft beträufeln.
2. Datteln in Stücke schneiden und zum Sellerie geben.
3. Die Nüsse grob hacken und unter den Salat mischen.
4. Den Salat mit Sauerrahm, Salz und Olivenöl anmachen.

FENCHEL MIT APFEL

Zutaten

200 g Fenchel
1 Apfel
etwas Zitronensaft
40 g Hartkäse
2 EL Sonnenblumenkerne
1 EL Petersilie, gehackt
Vollmeersalz
Olivenöl

Zubereitung

1. Fenchel waschen, vierteln und in feine Scheiben hobeln.
2. Apfel in Würfel schneiden, zum Fenchel geben und mit Zitronensaft vermischen.
3. Käse in Würfel schneiden und zum Salat geben.
4. Sonnenblumenkerne in einer trockenen Pfanne leicht bräunen, auskühlen lassen und mit der Petersilie zum Salat geben.
5. Den Salat mit Salz und Olivenöl anmachen.

WINTERLICHER SALAT

Zutaten

100 g Radicchio
100 g Endiviensalat
1 Orange
50 g Knollensellerie
2 EL Kürbiskerne
2 EL Sauerrahm
Vollmeersalz
Essig
Olivenöl

Zubereitung

1. Radicchio und Endiviensalat waschen und in Streifen schneiden.
2. Orange schälen, in Würfel oder Scheiben schneiden und mit dem Salat vermischen.
3. Sellerie schälen, fein reiben und zum Salat geben.
4. Kürbiskerne in einer trockenen Pfanne leicht rösten, auskühlen lassen und unter den Salat mischen.
5. Den Salat mit Sauerrahm, Salz, Essig und Olivenöl anmachen.

BUNTER SALAT MIT CHAMPIGNONS

Zutaten

150 g Salat nach Wahl
1 Birne
100 g Champignons
etwas Zitronensaft
3–4 EL Walnusskerne, gehackt
Kräutersalz
Balsamico
Olivenöl
1 TL Galgantpulver
1 Msp. Ingwer

Zubereitung

1. Salat waschen und in mundgerechte Stücke zupfen.
2. Birne waschen, in Würfel schneiden und zum Salat geben.
3. Champignons in Scheiben schneiden, mit Zitronensaft beträufeln und zum Salat geben.
4. Walnüsse untermischen.
5. Salz, Balsamico, Olivenöl, Galgant und Ingwer zu einem Dressing verrühren und den Salat kurz vor dem Servieren damit anmachen.

FRUCHTIGER MELONEN-TOMATEN-SALAT MIT SALBEICROSTINI

Zutaten

300 g Honigmelone (ohne Schale und Kerne)

300 g Kirschtomaten

250 g kleine Mozzarellakugeln

3 EL Cashewkerne oder andere Nüsse, geröstet

Melisse, in Streifen geschnitten

10–12 kleine Brotscheiben

Salbei, in Streifen geschnitten

Kräutersalz

Vollmeersalz

Olivenöl

etwas Zitronensaft

schwarzer Pfeffer aus der Mühle

Zubereitung

1. Melone in Würfel schneiden.
2. Kirschtomaten und Mozzarella halbieren.
3. Alles in eine Schüssel geben und Cashewkerne und Melisse zufügen.
4. Die Brotscheiben in einer trockenen Pfanne auf beiden Seiten kurz rösten.
5. Salbei, Kräutersalz und 2–3 Esslöffel Olivenöl vermischen und die Brotscheiben damit bestreichen.
6. Den Salat mit Salz, Olivenöl, Zitronensaft und Pfeffer anmachen.
7. Den Salat zusammen mit den Crostini servieren.

MELONENSALAT MIT GEBACKENEM BRIE

Zutaten

75 g Kresse
75 g Rucola
1 kleine Honigmelone (ca. 500 g)
4 EL Walnüsse
100 g Brie
Olivenöl
1 TL Senf
1 TL Honig
etwas Zitronensaft
Vollmeersalz
schwarzer Pfeffer aus der Mühle

Zubereitung

1. Kresse und Rucola in eine Schüssel geben.
2. Melone halbieren, Kerne entfernen, schälen und das Fruchtfleisch in mittelgroße Würfel schneiden.
3. Walnüsse in einer Pfanne ohne Fett hellbraun anrösten.
4. Brie in Würfel schneiden und in Olivenöl auf beiden Seiten kurz anbraten.
5. Honigmelone, Walnüsse und Brie mit dem Salat vermischen.
6. Senf, Honig, Zitronensaft, Salz, Pfeffer und Olivenöl zu einem Dressing verrühren und den Salat kurz vor dem Servieren damit anmachen.

KARTOFFELSALAT MIT FRÜHLINGSZWIEBELN

Zutaten

800 g Kartoffeln
6 Frühlingszwiebeln
Kräutersalz
Essig
1 TL Senf
1 Msp. Piment
schwarzer Pfeffer aus der Mühle
Olivenöl

Zubereitung

1. Kartoffeln schälen, in kleine Scheiben schneiden, salzen und im Siebeinsatz dämpfen.
2. Frühlingszwiebeln waschen und in Ringe schneiden.
3. Kräutersalz, Essig, Senf, Piment, Pfeffer und Olivenöl zu einem Dressing verrühren.
4. Kartoffeln und Frühlingszwiebeln in eine Schüssel geben und mit dem Dressing anmachen. Vor dem Servieren etwas durchziehen lassen.

MEDITERRANES ROHNENCARPACCIO

Zutaten

4 Rohnen, gekocht
4 EL Pinienkerne oder Walnüsse
100 g Feta
Kräutersalz
Essig
Olivenöl
1 Handvoll Rucola

Zubereitung

1. Rohnen schälen und in nicht zu dünne Scheiben schneiden.
2. Kreisförmig auf die Teller legen.
3. Pinienkerne in einer trockenen Pfanne leicht rösten.
4. Feta in kleine Würfel schneiden und auf den Rohnen verteilen.
5. Kräutersalz, Essig und Olivenöl zu einem Dressing verrühren und über die Rohnen geben.
6. Mit Rucola und Pinienkernen garnieren.

BOHNENSALAT ITALIENISCHER ART

Zutaten

300 g grüne Bohnen
1 Zwiebel
Olivenöl
Balsamicoessig
200 g gelbe Datteltomaten
2 Eier, gekocht
Bohnenkraut
Kräutersalz
50 g Parmesan, in Späne gehobelt

Zubereitung

1. Bohnen putzen, waschen, bissfest dämpfen und auskühlen lassen.
2. Zwiebel in Ringe schneiden und in Olivenöl farblos anschwitzen. Mit Balsamico ablöschen.
3. Datteltomaten halbieren, Eier schälen und achteln.
4. Bohnen, Zwiebeln und Tomaten in eine Schüssel geben und mit Bohnenkraut, Kräutersalz, Balsamico und Olivenöl abschmecken.
5. Eier darauf anrichten und mit Parmesan garniert servieren.

ITALIENISCHER SALAT MIT SAUERRAHM

Zutaten

350 g Kartoffeln
200 g Karotten
150 g Erbsen
Vollmeersalz
2–3 Essiggurken
200 g Sauerrahm
2 TL Senf
4 EL Olivenöl

Zubereitung

1. Kartoffeln und Karotten in kleine Würfel schneiden.
2. Zusammen mit den Erbsen in einen Siebeinsatz geben, salzen und dämpfen.
3. Essiggurken in kleine Würfel schneiden.
4. Sauerrahm, Senf, Olivenöl und Salz verrühren.
5. Alles in eine Schüssel geben, gut vermengen und etwas durchziehen lassen.

COUSCOUS MIT MAIS UND ARTISCHOCKEN

Zutaten

120 g Couscous
Vollmeersalz
240 g kochendes Wasser
200 g Karotten
Olivenöl
100 g Mais
3–4 Artischocken in Öl
2–3 EL Schnittlauch, fein geschnitten
2–3 EL Cashewkerne
etwas Zitronenschale, abgerieben

Zubereitung

1. Couscous in eine Schüssel geben, salzen und mit kochendem Wasser übergießen. Etwa 10 Minuten quellen lassen.
2. Karotten in kleine Würfel schneiden und in Olivenöl bissfest dünsten.
3. Zusammen mit Mais zum Couscous geben.
4. Artischocken in kleine Stücke schneiden und untermischen.
5. Schnittlauch, Cashewkerne, Olivenöl und Zitronenschale unter den Couscous rühren.

BULGURSALAT MIT TRAUBEN

Zutaten

100 g Bulgur
200 g Wasser
Vollmeersalz
200 g Weintrauben
200 g Cocktailtomaten
2 EL Walnüsse
etwas Petersilie, fein geschnitten
etwas Zitronensaft
Olivenöl
60–80 g Camembert oder Brie

Zubereitung

1. Bulgur mit Wasser zum Kochen bringen, salzen und 5 Minuten leicht köcheln lassen. Vom Herd nehmen und 10 Minuten quellen lassen. Auskühlen lassen.
2. Weintrauben und Cocktailtomaten halbieren und zusammen mit Walnüssen und Petersilie zum Bulgur geben.
3. Mit Salz, Zitronensaft und Olivenöl abschmecken.
4. Camembert in kleine Würfel schneiden und vorsichtig unterrühren.

WARME GERICHTE

ÜBERBACKENER STANGENSELLERIE

Zutaten

500 g Stangensellerie (ohne Blätter)
2 Eier
100 g Sahne
Kräutersalz
schwarzer Pfeffer aus der Mühle
etwas Currypulver
1 Msp. Ingwer
50 g würziger Käse, gerieben

Zubereitung

1. Stangensellerie waschen, in 5–8 cm lange Streifen schneiden und bissfest dämpfen.
2. Eier, Sahne, Kräutersalz, Pfeffer, Currypulver und Ingwer gut verrühren.
3. Stangensellerie in eine flache Auflaufform legen und die Hälfte des Käses darüberstreuen.
4. Die Eier-Sahne-Mischung darübergießen und mit dem restlichen Käse bestreuen.
5. Im vorgeheizten Backofen überbacken.

Backen: etwa 20 Minuten bei 200 Grad

Tipp

- Die Blätter können sehr gut in einen Smoothie gemischt werden. Man kann sie auch trocknen, mahlen, mit Salz vermischen und als Kräutersalz verwenden.

GRATINIERTE TOMATEN

Zutaten

4 größere Tomaten (ca. 800 g)
Kräutersalz
150–200 g Mozzarella
schwarzer Pfeffer aus der Mühle
2 EL Olivenöl
4 EL Sonnenblumenkerne
Basilikum
Origano

Zubereitung

1. Tomaten halbieren, Fruchtfleisch aushöhlen, in eine Auflaufform setzen und mit Kräutersalz würzen.
2. Fruchtfleisch und Mozzarella in Würfel schneiden, salzen, pfeffern und mit Olivenöl und 2 Esslöffel Sonnenblumenkernen vermischen.
3. Basilikum und Origano grob hacken und untermischen.
4. Die Füllung auf die Tomaten verteilen und mit den restlichen Sonnenblumenkernen bestreuen.
5. Im vorgeheizten Backofen überbacken.

Backen: etwa 20 Minuten bei 200 Grad

BROCCOLIGRATIN

Zutaten

500 g Broccoli
2 Eier
150 g Sahne oder Milch
Kräutersalz
schwarzer Pfeffer aus der Mühle
Muskat, gerieben
1 große Knoblauchzehe
70 g würziger Käse, gerieben

Zubereitung

1 Broccoli waschen, in Röschen teilen und im Siebeinsatz bissfest dämpfen.
2 Eier und Sahne verrühren und mit Kräutersalz, Pfeffer und Muskat würzen.
3 Knoblauch durch die Presse drücken und zur Eier-Sahne-Mischung geben.
4 Broccoli in eine Auflaufform geben und mit der Hälfte des Käses bestreuen.
5 Eier-Sahne-Mischung darübergießen und den restlichen Käse darüberstreuen.
6 Im vorgeheizten Backofen backen.

Backen: etwa 20 Minuten bei 200 Grad

Tipp

- Dazu passen Kartoffeln.

ZUCCHINI-KARTOFFEL-GULASCH

Zutaten

1 große Zwiebel
3 Knoblauchzehen
400 g Kartoffeln
400 g Zucchini
Öl
2 EL Vollkornweizenmehl
4 TL Tomatenmark
200 g Wasser
1 Msp. Chili
Rosmarin, fein gehackt
Vollmeersalz
schwarzer Pfeffer aus der Mühle
150 g Bohnen, gekocht

Zubereitung

1. Zwiebel in größere Stücke und Knoblauch in Scheiben schneiden.
2. Kartoffeln schälen und in mittelgroße Würfel schneiden.
3. Zucchini waschen und ebenfalls in mittelgroße Würfel schneiden.
4. Zwiebel in Öl andünsten. Knoblauch zufügen und mitdünsten lassen.
5. Kartoffeln und Zucchini dazugeben und leicht andünsten. Mit Mehl bestauben.
6. Tomatenmark zufügen und mit Wasser aufgießen.
7. Mit Chili, Rosmarin, Salz und Pfeffer würzen und bei niedriger Hitze fertig garen.
8. Die Bohnen dazugeben und noch einmal abschmecken.

BLUMENKOHL IN ORANGEN-NUSS-BUTTER

Zutaten

400 g Blumenkohl
60–80 g Butter
25 g Mandeln, grob gemahlen
25 g Haselnüsse, grob gemahlen
1 Orange, Schale und Saft
Vollmeersalz
1 Msp. Muskat, gerieben

Zubereitung

1. Blumenkohl waschen, in Röschen teilen und im Siebeinsatz bissfest dämpfen.
2. Mandeln und Haselnüsse in einem Topf leicht rösten, Butter dazugeben und schmelzen.
3. Orangenschale und -saft zufügen.
4. Blumenkohl dazugeben, mit Salz und Muskat würzen und vorsichtig in der Orangen-Nuss-Butter schwenken.

GEMÜSERATATOUILLE

Zutaten

300 g Melanzane
300 g Zucchini
300 g Peperoni
Öl
300 g sehr kleine Cocktailtomaten
Kräutersalz
schwarzer Pfeffer aus der Mühle
frischer Majoran

Zubereitung

1 Melanzane, Zucchini und Peperoni waschen und in kleine Würfel schneiden.

2 Das Gemüse in Öl dünsten.

3 Kurz vor Ende der Garzeit Tomaten zufügen, mit Salz und Pfeffer würzen und kurz mitdünsten lassen.

4 Mit Majoran abschmecken und servieren.

KÜRBISGRATIN

Zutaten

400 g Kürbis
200 g Cocktailtomaten
100 g Zwiebeln, in Würfel geschnitten
Öl
2 Knoblauchzehen, in Scheiben geschnitten
2 Eier
200 g Milch oder Sahne
Kräutersalz
1 Msp. Muskat, gerieben
60 g Käse, in Würfel geschnitten
Rosmarin

Zubereitung

1. Kürbis schälen und in grobe Stücke schneiden oder raspeln, Tomaten in Scheiben schneiden.
2. Zwiebelwürfel in Öl farblos anschwitzen. Knoblauch dazugeben und mitdünsten lassen.
3. Kürbis mit Zwiebeln, Knoblauch und Tomaten in eine gebutterte Auflaufform geben.
4. Ei und Milch verquirlen, mit Kräutersalz und Muskat würzen und über den Kürbis gießen.
5. Mit Käse und Rosmarin bestreuen und im Backofen backen.

Backen: 15–20 Minuten bei 200 Grad

SÜSSKARTOFFELN AUS DEM OFEN

Zutaten

800 g Süßkartoffeln
Olivenöl
Kräutersalz
Rosmarin
Salbei

Zubereitung

1 Süßkartoffeln waschen, schälen, halbieren und in etwa 1 Zentimeter breite Scheiben schneiden.

2 Auf ein Backblech legen und mit Olivenöl und Kräutersalz vermischen.

3 Im Backofen backen.

4 Kurz vor Ende der Backzeit Rosmarin und Salbei zufügen.

Backen: 15–20 Minuten bei 200 Grad

- Servieren Sie die Süßkartoffeln mit Käse oder gedünstetem Gemüse.

KICHERERBSENCURRY

Zutaten

1 Zwiebel
300 g Karotten
150 g Stangensellerie
2 EL Öl
1 EL Grünkernmehl
400 g Kichererbsen, gekocht
300 g Wasser
1 TL Suppenwürze
1 TL Currypulver
1 TL Kurkuma
1 TL Galgantpulver
½ TL Kreuzkümmel
Kräutersalz
2 EL Kokosflocken

Zubereitung

1. Zwiebel schälen, Karotten und Stangensellerie waschen und alles in kleine Würfel schneiden.
2. Zwiebelwürfel in Öl anschwitzen, Karotten und Stangensellerie dazugeben und etwas dünsten lassen.
3. Mit Grünkernmehl bestauben, Kichererbsen zufügen und mit Wasser aufgießen.
4. Mit Suppenwürze, Currypulver, Kurkuma, Galgant, Kreuzkümmel und Kräutersalz würzen.
5. So lange dünsten, bis die Karotten weich sind.
6. Kokosflocken untermischen und servieren.

LINSENCURRY

Zutaten

1 Zwiebel
200 g Karotten
200 g Lauch
2 Knoblauchzehen
Öl
200 g Tomatensauce
200 g Linsen
500 g Wasser
Vollmeersalz
1 TL Currypulver
1 TL Kurkuma
1 Msp. Ingwer
4 EL Sauerrahm

Zubereitung

1. Zwiebel, Karotten und Lauch putzen, waschen und in kleine Würfel schneiden.
2. Knoblauch durch die Knoblauchpresse drücken und zusammen mit den Zwiebelwürfeln in Öl anschwitzen.
3. Karotten und Lauch dazugeben und etwas dünsten lassen.
4. Tomatensauce und Linsen zufügen und mit Wasser aufgießen. Mit Salz, Currypulver, Kurkuma und Ingwer würzen. Bissfest dünsten.
5. Mit Sauerrahm garniert servieren.

FEURIGE BOHNENPFANNE

Zutaten

150 g Bohnen
Vollmeersalz
1 Zwiebel, fein geschnitten
1 Knoblauchzehe, gepresst
Öl
2 TL Tomatenmark
300 g Tomatensauce
2 TL Paprikapulver
Chili
Rosmarin
Balsamico
etwas Zitronenschale, abgerieben
schwarzer Pfeffer aus der Mühle
100 g Wasser

Zubereitung

1. Bohnen mindestens 12 Stunden in reichlich Wasser einweichen.
2. Wasser weggießen und Bohnen mit genügend frischem Wasser und etwas Salz weich kochen. Abseihen.
3. Zwiebelwürfel und Knoblauch in Öl kurz dünsten, Tomatenmark und Tomatensauce zufügen.
4. Mit Paprika, Chili, Rosmarin, Zitronenschale und Pfeffer würzen.
5. Mit Wasser aufgießen und Bohnen dazugeben. Alles etwa 15 Minuten leicht köcheln lassen.

LINSENEINTOPF

Zutaten

150 g Linsen
Vollmeersalz
400 g Kartoffeln
300 g Tomaten
100 g grüne Peperoni
1 Zwiebel, fein geschnitten
Öl
Wasser nach Bedarf
2–3 EL Salbei und Lorbeerblätter
etwas Zitronenschale, abgerieben
schwarzer Pfeffer aus der Mühle

Zubereitung

1. Linsen mit der doppelten Menge Wasser und etwas Salz zum Kochen bringen. 15 Minuten leicht köcheln lassen, vom Herd nehmen und ausquellen lassen.
2. Kartoffeln, Tomaten und Peperoni schälen, putzen und in kleine Würfel schneiden.
3. Zwiebelwürfel und Knoblauch in Öl anschwitzen. Gemüse dazugeben und kurz dünsten.
4. Mit Wasser aufgießen und mit Salbei, Lorbeerblatt, Zitronenschale und Pfeffer würzen.
5. So lange köcheln lassen, bis die Kartoffeln weich sind.
6. Linsen zufügen und alles gut vermischen.

QUARKPIZZETTE

Zutaten

250 g Quark

40 g Öl

2 Eier

400 g Weizen oder Dinkel, frisch gemahlen

2 TL Naturbackpulver

1 TL Salz

200 g Frischkäse

100 g Brie, in Scheiben geschnitten

150 g Kirschtomaten, in Scheiben geschnitten

50 g grüne Peperoni, in Ringe geschnitten

50 g Radicchio, in Streifen geschnitten

2–3 EL Nüsse, gehackt

Kräutersalz

Zubereitung

1 Quark, Öl, Eier, Mehl, Backpulver und Salz in eine Schüssel geben. Alles zu einem geschmeidigen Teig verkneten und zugedeckt 30 Minuten ruhen lassen.

2 Den Teig auf eine bemehlte Arbeitsfläche geben, kleine Portionen abstechen und rund ausrollen.

3 Teiglinge auf ein mit Backpapier ausgelegtes Backblech legen und mit Frischkäse bestreichen.

4 Einen Teil mit Brie, Kirschtomaten und Peperoni belegen und auf dem anderen Radicchio und Nüsse verteilen.

5 Mit Kräutersalz würzen und im Backofen backen.

Backen: 10–20 Minuten bei 200–220 Grad (je nach Größe und Dicke der Pizzette)

LÉPINE
LYON

BUNTES OMELETT MIT LAUCH UND TOMATEN

Zutaten

400 g Lauch
Öl oder Butter
6–8 Eier
Vollmeersalz
schwarzer Pfeffer aus der Mühle
12 Cocktailtomaten
120 g Käse nach Wahl, in Würfel geschnitten
1 rote Zwiebel, in Ringe geschnitten

Zubereitung

1. Lauch putzen, waschen, in kleine Würfel schneiden und in Öl anschwitzen.
2. Eier verquirlen, salzen und pfeffern.
3. Öl in einer Pfanne erhitzen, ein Viertel des gedünsteten Lauchs und ein Viertel der verquirlten Eier in die Pfanne geben.
4. Cocktailtomaten halbieren und auf der Eier-Lauch-Masse verteilen.
5. Käse und Zwiebelringe darüberstreuen. Einen Deckel auf die Pfanne legen und das Omelett auf einer Seite backen. Vorsichtig umdrehen und fertig garen.
6. Die restlichen Omeletts auf die gleiche Weise zubereiten.

ZUCCHINIFRITTATA MIT HIRSE

Zutaten

1 Zwiebel
2 Knoblauchzehen
400 g Zucchini
Öl
3 Eier
60 g Hirse, frisch gemahlen
Kräutersalz
100 g Wasser
50 g Sahne
4 EL Petersilie, frisch gehackt

Zubereitung

1 Zwiebel und Knoblauch schälen und fein hacken, Zucchini waschen und in kleine Würfel schneiden. In Öl anschwitzen.

2 Die Hälfte der Zucchini aus der Pfanne nehmen und beiseitestellen.

3 Eier mit Hirse, Kräutersalz, Wasser, Sahne und Petersilie verrühren.

4 Die Hälfte der Eiermasse zur Hälfte des Gemüses geben und langsam backen.

5 In Stücke reißen und fertig backen.

6 Die andere Hälfte genauso zubereiten.

OMELETT MIT TOMATEN UND CHAMPIGNONS

Zutaten

200 g Tomaten
200 g Champignons
1 Knoblauchzehe, gepresst
Öl
3 Eier
50 g Sahne
50 g Mineralwasser oder Wasser
Vollmeersalz

Zubereitung

1. Tomaten und Champignons waschen und in Stücke bzw. Scheiben schneiden.
2. Zusammen mit Knoblauch in Öl anschwitzen.
3. Eier mit Sahne und Wasser verquirlen und mit Salz würzen.
4. Öl in einer Pfanne erhitzen. Ein Viertel des Gemüses und ein Viertel der Eiermasse hineingeben. Bei kleiner Hitze auf einer Seite backen, umdrehen und fertig garen.
5. Die restlichen Omeletts auf die gleiche Weise zubereiten.

HASELNUSS-PFANNKUCHEN

Zutaten

2 Eier
100 g Haselnüsse, fein gemahlen
200 g Milch
60 g Weizenvollkornmehl
Vollmeersalz
300 g Karotten
300 g Tomaten
Olivenöl
Kräutersalz
etwas Weißwein
Thymian

Zubereitung

1. Eier, Haselnüsse, Milch, Mehl und Salz in eine Schüssel geben und gut verrühren. Den Pfannkuchenteig etwas ruhen lassen.
2. Karotten und Tomaten waschen und in kleine Würfel schneiden.
3. In Olivenöl andünsten, mit Kräutersalz würzen und mit Weißwein ablöschen. Bissfest garen und mit Thymian abschmecken.
4. Olivenöl in einer Pfanne erhitzen, etwas Teig in die Pfanne geben und auf beiden Seiten backen. Den Vorgang wiederholen, bis der Teig aufgebraucht ist.
5. Auf jeden Pfannkuchen etwas von der Tomaten-Karotten-Füllung geben, zusammenklappen und sofort servieren.

GEFÜLLTE PEPERONI

Zutaten

150 g Hirse
350 g Wasser
Kräutersalz
400 g Tomaten
100 g Frühlingszwiebeln, in Ringe geschnitten
Öl
40 g Walnüsse, gehackt
150 g Käse, in Würfel geschnitten
1 TL Galgantpulver
1 EL Kräuter nach Wahl
schwarzer Pfeffer aus der Mühle
4 kleine Peperoni

Zubereitung

1. Hirse mit Wasser und Salz zum Kochen bringen und zugedeckt 10 Minuten leicht köcheln lassen.
2. Tomaten waschen und in kleine Würfel schneiden. Zusammen mit den Frühlingszwiebeln in Öl andünsten.
3. Mit Hirse, Nüssen und der Hälfte der Käsewürfel vermischen. Mit Galgantpulver, Kräutern und Pfeffer würzen.
4. Peperoni halbieren, die Kerne entfernen, waschen, in eine Auflaufform setzen und mit der Hirse-Tomaten-Mischung füllen.
5. Mit dem restlichen Käse bestreuen und im Backofen überbacken.

Backen: etwa 20 Minuten bei 200 Grad

SPINATMUFFINS

Zutaten für 12 Muffins

350 g frischer Spinat
1 Zwiebel
1 Knoblauchzehe
Olivenöl
Vollmeersalz
2 Eier
50 g Öl
50 g Joghurt
50 g Haselnüsse, grob gemahlen
100 g Weizen- oder Dinkelvollkornmehl
½ Pkg. Naturbackpulver
50 g Käse
400 g Tomaten
Kräutersalz

Zubereitung

1 Spinat waschen und fein hacken.

2 Zwiebel und Knoblauch schälen, in feine Würfel schneiden und in Öl anschwitzen.

3 Spinat zugeben, mit Salz würzen und dünsten. Auskühlen lassen

4 Eier, Öl, Joghurt, Haselnüsse und Salz in einer Schüssel verrühren.

5 Mehl und Backpulver dazugeben und verrühren.

6 Spinat und die Hälfte des Käses unterrühren.

7 Den Teig in Muffinförmchen füllen und mit dem restlichen Käse belegen. Im Backofen backen.

8 Tomaten waschen und in Würfel schneiden. In Olivenöl andünsten, mit Salz würzen und zusammen mit den Muffins servieren.

Backen: etwa 20 Minuten bei 170 Grad

GEMÜSEMUFFINS

Zutaten für 12 Muffins

2 Eier
200 g Joghurt oder Quark
50 g Öl
200 g Weizenvollkornmehl
2 TL Naturbackpulver
300 g Gemüse nach Wahl
Olivenöl
50 g Käse, gerieben

Zubereitung

1. Eier, Joghurt und Öl in einer Schüssel gut verrühren.
2. Mehl und Backpulver unterrühren.
3. Das Gemüse waschen, putzen und in kleine Würfel schneiden. In etwas Olivenöl anschwitzen.
4. Zusammen mit dem Käse unter den Teig rühren. In Muffinförmchen füllen und im Backofen backen.

Backen: 15–20 Minuten bei 200 Grad

MÜRBE ZWIEBELTARTE

Zutaten für eine runde Kuchenform

150 g Dinkel, fein gemahlen
80 g Butter
40 g Mandeln, fein gemahlen
Vollmeersalz
1 TL Naturbackpulver
50 g Wasser
500 g Zwiebeln
4 EL Öl
etwas Rotwein
2 Eier
50 g Sahne
Kräutersalz
schwarzer Pfeffer aus der Mühle
Thymian
30–50 g Käse nach Wahl, in Würfel geschnitten

Zubereitung

1. Mehl, Butter, Mandeln, Salz, Backpulver und Wasser zu einem geschmeidigen Teig verkneten. Zugedeckt mindestens 30 Minuten ruhen lassen.
2. Zwiebeln schälen, in dünne Scheiben schneiden und in Öl langsam goldgelb rösten.
3. Mit etwas Rotwein ablöschen und die Flüssigkeit einkochen lassen.
4. Eier mit Sahne, Salz, Pfeffer und Thymian verquirlen.
5. Den Teig auf einer Arbeitsfläche ausrollen und in eine ausgebutterte Form legen. Die Zwiebeln darauf verteilen und die Eier-Sahne-Mischung darübergießen.
6. Mit Käse bestreuen und im Backofen backen.

Backen: 25–30 Minuten bei 200 Grad

- Sie können die Zwiebeltarte auch in kleinen Kuchenförmchen backen.

MÜSLIS UND SÜSSIGKEITEN

HIRSEMÜSLI

Zutaten

120 g Hirse
250 g Wasser
Vollmeersalz
200 g Erdbeeren
2–3 Bananen
Zitronensaft
1 Msp. Zimtpulver
4 EL Nüsse, gehackt

Zubereitung

1 Hirse mit Wasser und Salz zum Kochen bringen. 10 Minuten leicht köcheln lassen, vom Herd nehmen und zugedeckt quellen lassen.

2 In eine Schüssel geben und auskühlen lassen.

3 Erdbeeren waschen, putzen und in Stücke schneiden, Banane schälen und mit einer Gabel zerdrücken. Sofort mit Zitronensaft vermischen.

4 Zusammen mit Nüssen unter die Hirse rühren.

5 In Dessertschalen füllen und servieren.

Tipp

- Außerhalb der Saison können Sie die Erdbeeren durch andere Früchte ersetzen.

COUSCOUSMÜSLI

Zutaten

80 g Couscous
1 Prise Salz
160 g kochendes Wasser
600 g saisonales Obst (z. B. Apfel, Banane, Nektarine)
4 EL Mandeln, grob gehackt
200 g Naturjoghurt
2 EL Honig
Himbeeren
Johannisbeeren

Zubereitung

1. Couscous in eine Schüssel geben, salzen und mit Wasser übergießen. Zugedeckt quellen und auskühlen lassen.
2. Früchte waschen, putzen, in kleine Würfel schneiden und mit Mandeln vermischen.
3. Honig unter den Couscous rühren.
4. Früchte-Mandel-Mischung und Joghurt dazugeben und vorsichtig vermischen.
5. In Dessertschalen füllen und mit Himbeeren und Johannisbeeren garniert servieren.

BUCHWEIZENMÜSLI

Zutaten

4 EL Buchweizen

400 g saisonales Obst (z. B. Apfel, Banane, Kiwi, Schwarze Johannisbeeren)

etwas Zitronensaft

4 EL Nüsse, gehackt

150 g Sahne

Zubereitung

1. Buchweizen in genügend Wasser einige Stunden einweichen.
2. Abseihen und unter fließendem Wasser gut waschen.
3. Apfel waschen und reiben. Die anderen Früchte in kleine Stücke schneiden. Sofort mit Zitronensaft beträufeln und gut vermischen.
4. Buchweizen und Nüsse unterrühren.
5. Sahne steif schlagen. Nach Geschmack einen Teil der Sahne unter das Müsli heben und die restliche Sahne zum Garnieren verwenden.
6. In Dessertschalen füllen und mit Sahne garnieren.

DINKELMÜSLI

Zutaten

80 g Dinkel
100 g Wasser
2 Äpfel
2 Bananen
saisonales Obst
etwas Zitronensaft
4 EL Nüsse
100 g Sahne

Zubereitung

1. Dinkel schroten, mit Wasser zu einem dicklichen Brei verrühren und 5–8 Stunden quellen lassen.
2. Äpfel waschen und fein raspeln. Banane schälen und mit einer Gabel zerdrücken. Sofort mit Zitronensaft beträufeln.
3. Das restliche Obst in kleine Würfel schneiden, die Nüsse grob hacken.
4. Alles zum Dinkel geben und vermischen.
5. Sahne steif schlagen.
6. Müsli mit Sahne und Granatapfelkernen garniert servieren.

PORRIDGE (HAFERBREI)

Zutaten

800 g Milch
1 Prise Salz
120 g Haferflocken
2 EL Honig
100–200 g frisches Obst nach Jahreszeit, in Würfel geschnitten
2–3 EL Mandeln oder Nüsse, grob gehackt

Zubereitung

1. Milch mit Salz in einen Topf geben. Haferflocken einrühren und 10 Minuten auf kleiner Flamme unter Rühren leicht köcheln lassen.
2. Vom Herd nehmen und kurz quellen lassen.
3. Honig unterrühren und mit Johannisbeeren, Heidelbeeren und Mandeln garniert servieren.

Tipp

- Sie können auch Sultaninen oder frisches, in Stücke geschnittenes Obst verwenden.

APFELPORRIDGE

Zutaten

4 Äpfel
600 g Milch
1 Prise Salz
100 g Haferflocken
1 TL Zimt
2 TL Chiasamen
2 EL Sultaninen
2 EL Honig
Granatapfelkerne

Zubereitung

1. Äpfel waschen, zwei Äpfel in kleine Würfel schneiden. Die restlichen Äpfel vierteln, das Kernhaus entfernen und in dünne Scheiben schneiden.
2. Milch mit Salz in einen Topf geben, Haferflocken und Apfelwürfel dazugeben und 10 Minuten auf kleiner Flamme unter Rühren leicht köcheln lassen.
3. Zimt, Chiasamen, Sultaninen und Honig unterrühren und kurz quellen lassen.
4. Porridge mit Apfelscheiben und Granatapfelkernen garniert servieren.

Tipp

- Sie können die Milch auch durch 500 g Wasser und 100 g Sahne ersetzen.

KOKOSPORRIDGE

Zutaten

500 g Milch
1 Prise Salz
80 g Haferflocken
2 EL Kokosflocken
2 EL Honig
200 g Johannis- und Himbeeren

Zubereitung

1 Milch mit Salz in einen Topf geben, Haferflocken einrühren und 10 Minuten auf kleiner Flamme unter Rühren leicht köcheln lassen.

2 Kokosflocken unterrühren und kurz quellen lassen.

3 Honig unterrühren und mit Johannis- und Himbeeren garniert servieren.

KNUSPERMÜSLI

Zutaten

40 g Walnüsse
40 g Mandeln
40 g Kürbiskerne
150 g Haferflocken
100 g Honig
6 EL Sonnenblumenöl

Zubereitung

1. Walnüsse und Mandeln grob mahlen.
2. Zusammen mit Kürbiskernen, Haferflocken, Honig und Sonnenblumenöl in einer Schüssel gut vermengen.
3. Auf einem mit Backpapier ausgelegten Backblech verteilen und im Backofen rösten.

Backen: 10–15 Minuten bei 175 Grad

ERDBEERSCHICHTDESSERT

Zutaten für 6 Gläser

200 g Quark

200 g Naturjoghurt

Naturvanille

80–100 g Honig

200 g Sahne

250–300 g Erdbeeren

etwas Zitronensaft

200 g Kekse (z. B. Haferkekse oder andere Kekse nach Wahl), zerbröselt

Zubereitung

1 Quark, Naturjoghurt, Naturvanille und Honig in einer Schüssel gut verrühren.

2 Sahne steif schlagen und unter die Quarkcreme heben.

3 Erdbeeren waschen, putzen und in kleine Stücke schneiden. Mit Zitronensaft und 1 Esslöffel Honig verrühren. Kekse grob zerkleinern.

4 Gläser schichtweise mit Quarkcreme, Keksen und Erdbeeren füllen. Mit Quarkcreme abschließen.

5 Mit Erdbeeren und Keksbröseln garnieren und im Kühlschrank einige Stunden ruhen lassen.

TIRAMISU MIT CLEMENTINEN

Zutaten für 6 Gläser/Portionen

5–6 Clementinen
120 g Honig
1 Msp. Zimt
2 Eigelb
1 Msp. Naturvanille
250 g Mascarpone
1 Eiweiß
12 Löffelbiskuits
1 EL Schokolade, gerieben

Zubereitung

1. 2 Clementinen unter heißem Wasser waschen, die Schale abreiben, halbieren und auspressen.
2. Die restlichen Clementinen schälen und das Fruchtfleisch in kleine Stücke schneiden.
3. 1 Esslöffel Honig erwärmen. Clementinensaft und Zimt zufügen und beiseitestellen.
4. Den restlichen Honig mit Eigelb, Naturvanille und Clementinenabrieb cremig rühren und den Mascarpone unterrühren.
5. Eiweiß steif schlagen und unter die Mascarponecreme heben.
6. Löffelbiskuits halbieren, in die Gläser legen und mit Clementinensaft beträufeln. Clementinen und etwas Mascarponecreme darauf verteilen.
7. Den Vorgang noch einmal wiederholen. Mit Mascarponecreme abschließen.
8. Mit geriebener Schokolade bestreuen und mit Clementinenstücken garnieren.
9. Im Kühlschrank einige Stunden durchziehen lassen.

BANANEN-SCHOKO-DESSERT

Zutaten für 4 Gläser/Portionen

2–3 Bananen
4 Stück Schokoladenkuchen oder Schokoladenkekse
100 g Sahne
200 g Naturjoghurt
100 g Honig
Naturvanille
Schokolade, geraspelt

Zubereitung

1. Bananen schälen und in Stücke schneiden, einige für die Garnitur beiseitestellen.
2. Schokoladenkuchen grob zerkleinern und auf die Gläser verteilen.
3. Bananenstücke darauflegen.
4. Sahne steif schlagen. Naturjoghurt, Honig und Naturvanille unterheben und auf die Bananen geben.
5. Mit Bananenstücken und Schokolade garnieren.

ZWETSCHGENCRUMBLE

Zutaten

600 g Zwetschgen
70–90 g Honig
½ TL Zimt
100 g Butter
100 g Dinkelvollkornmehl
50 g Haferflocken
2 EL Kokosflocken

Zubereitung

1. Zwetschgen waschen, halbieren und entsteinen. In Stücke schneiden und in eine Auflaufform legen.
2. 20–40 g Honig (je nach Süße der Früchte) mit Zimt vermischen und über die Früchte geben.
3. Butter schmelzen lassen.
4. Mehl, Haferflocken, Kokosflocken und 50 g Honig in einer Schüssel vermischen.
5. Butter darübergießen und alles mit den Händen zu Streuseln verarbeiten.
6. Die Streusel auf den Zwetschgen verteilen und im Backofen backen.

Backen: 20 Minuten bei 200 Grad

Tipp

- Sie können die Zwetschgen durch andere Früchte der Saison ersetzen.
- Servieren Sie dazu Eis oder Vanillesauce.

TOPFENAUFLAUF MIT FRÜCHTEN

Zutaten

80 g Hartweizen
2 Eigelb
60 g Honig
Naturvanille
etwas Zitronenschale, abgerieben
250 g Topfen
2 Eiweiß
500 g Früchte nach Wahl
1–2 EL Honig
6–8 Mandeln

Zubereitung

1 Hartweizen zu Grieß vermahlen.
2 Eigelb mit Honig, Naturvanille und Zitronenschale sehr schaumig rühren.
3 Grieß und Topfen vorsichtig unterrühren.
4 Eiweiß steif schlagen und vorsichtig unter die Topfenmasse heben.
5 Früchte waschen, in Stücke schneiden und mit Honig vermischen.
6 Die Hälfte der Früchte auf dem Boden einer eingefetteten Auflaufform verteilen, die Topfenmasse daraufgießen und mit den restlichen Früchten belegen.
7 Mandeln in Stifte schneiden und darüberstreuen.
8 Den Auflauf im Backofen backen.

Backen: 25–30 Minuten bei 180 Grad

PANCAKES

Zutaten

2 Eier
125 g Naturjoghurt
25 g Milch
40 g Honig
1 Prise Salz
100 g Dinkelvollkornmehl
1 TL Naturbackpulver
ÖL
200 g Marmelade nach Wahl
Himbeeren

Zubereitung

1. Eier trennen und das Eiweiß steif schlagen.
2. Eigelb mit Joghurt, Honig, Milch und Salz verrühren.
3. Mehl und Backpulver unterrühren und den Eischnee vorsichtig unterheben.
4. Öl in einer Pfanne erhitzen. 1–2 Esslöffel Teig in die Pfanne geben und den Pancake auf beiden Seiten langsam goldgelb backen.
5. Den Vorgang wiederholen, bis der Teig aufgebraucht ist.
6. Pancakes mit Marmelade und Himbeeren garniert servieren.

APFELMUFFINS

Zutaten für 10 Muffins

2 Eier
120 g Honig
1 Zitrone, Schale abgerieben
Naturvanille
100 g Topfen
60 g Sonnenblumenöl
160 g Dinkelvollkornmehl
2 TL Naturbackpulver
1–2 Äpfel

Zubereitung

1. Eier mit Honig, Zitronenschale und Vanille schaumig rühren.
2. Topfen und Öl dazugeben und unterrühren.
3. Mehl mit Backpulver vermischen, zur Eier-Topfen-Masse geben und verrühren.
4. Äpfel waschen, Kernhaus entfernen und in kleine Stücke schneiden. Unter den Teig heben.
5. In Muffinförmchen füllen und im Backofen backen.

Backen: etwa 20 Minuten bei 175 Grad

- Sie können die Äpfel auch durch andere Früchte ersetzen.

DANKESCHÖN

Ein herzliches Dankeschön an alle Sponsoren, ohne die dieses Buch nicht hätte entstehen können.

Danke der **Firma Brugnara,** Meran, für den Geschirrverleih.

Ein besonderer Dank geht an **Walter Margesin, Permakultur-Biobauer** aus Marling, bei dem ich im Garten herumstöbern durfte und viele Kräuter und Dekorationen fand.

Valentina, du hast mit deiner ruhigen, angenehmen Art auch diesmal wieder jede Speise ins richtige Licht gerückt. Du warst nicht nur Food-Stylistin, sondern auch Dekorateurin und Fotografin. Die Zusammenarbeit mit dir war sehr angenehm, dafür ein herzliches Dankeschön an dich.

Ich danke ganz besonders meiner Familie, die es mir möglich gemacht hat, dieses Kochbuch zu verwirklichen.

Danke für das Testen, Kosten und Probieren, für die Kritik und die Anregungen zu den Rezepten.

Stichwörter mit **roten** Seitenzahlen befinden sich im Rezeptteil. Stichwörter mit **schwarzen** Seitenzahlen befinden sich in der Einleitung.

REGISTER

RITA BERNARDI

1965 in Bruneck geboren, wohnt heute in Marling, ist verheiratet und Mutter von drei Kindern, unterrichtet an der Berufsschule Meran.

Seit 35 Jahren beschäftigt sie sich mit der vitalstoffreichen Vollwertkost. Sie ist passionierte Hobbyköchin, hat eine Ausbildung für Vollwertküche gemacht und eignete sich so fundiertes Wissen im Bereich Vollwertkost an. Im Laufe der Jahre kam es zu einer umfangreichen Rezeptsammlung.

Sie wurde im „Dr.-Max-Otto-Bruker-Haus" in Lahnstein (Deutschland) zur Gesundheitsberaterin ausgebildet und ist seit 1990 aktiv in der SGGF tätig, seit 2006 auch als Vorsitzende.

Rita Bernardi hält seit Jahren verschiedene Kochkurse zur Vollwertküche, gibt Ernährungsberatung zur Vollwertkost und arbeitet bei verschiedenen Veranstaltungen im Bereich gesunde Ernährung mit.

Sie ist Autorin der Kochbücher „Vollwertküche – gesund – einfach – delikat" (2008, Athesia Verlag), „Neues aus der Vollwertküche" (2014, Athesia Verlag), „Einfach gesund kochen" (2020, Athesia Verlag) und „Vollwertküche – gesund – einfach – lecker. Das Kultbuch in neuer Ausstattung" (2021, Athesia Verlag).

272 Seiten
ISBN 978-88-6839-519-3

160 Seiten
ISBN 978-88-6839-476-9

Bibliografische Information
der Deutschen Nationalbibliothek
Die Deutsche Nationalbibliothek verzeichnet diese Publikation in der Deutschen Nationalbibliografie; detaillierte bibliografische Daten sind im Internet abrufbar: http://dnb.d-nb.de

Lektorat: Kathrin Kötz, Auer
Fotos: Valentina Solfrini {Hortus Cuisine}, Gradara
stock.adobe.com: Seite 3 rechts unten (Alice),
9 rechts unten (Vladislav Noseek), 12 (VectorMine),
14 (saschanti), 19 (Bitter), 33 (jenesesimre),
53 (Egor Shilov; Morphart), 67 (Kseniia), 95 (PikePicture),
138 (Shaiith Nowak Jacek), 139 (aksol), 171 (Voyagerix),
173 (Meliha Gojak)
Design & Layout: Athesia-Tappeiner Verlag
Bildbearbeitung: Typoplus, Frangart
Druck: GZH, Zagreb
Papier: Innenteil und Vorsatz IQ Print

Gesamtkatalog unter
www.athesia-tappeiner.com

Fragen und Hinweise bitte an
buchverlag@athesia.it

ISBN 978-88-6839-657-2
ISBN 978-88-6839-658-9 (e-Book)

Einkorn
Grünkern
Hartweizen
Hirse